● **编委会**

主　任：刘　炜　孙秀丽　黄丽丽

主　编：钱初熹　朱黎兵

编　委（按姓氏笔画为序）

马蔚斌　吕云萍　李　莉　邱云章

张　泽　张旭东　陈怡婷　郑杰才

郑宝珍　郑惠婷　徐英杰　徐耘春

赖思沁

● 全国教育科学"十四五"规划2021年度教育部重点课题"五育融合视域下小初高一体化美育课程体系建构及实施策略研究（批准号DLA210382）"研究成果

● 厦门英才学校"以美融通五育一体化育人体系"之美育课程系列

福建卷

非遗里的中国智慧

主编 钱初熹 朱黎兵

小学分册

厦门大学出版社
国家一级出版社
全国百佳图书出版单位

图书在版编目（CIP）数据

非遗里的中国智慧. 福建卷. 小学分册 / 钱初熹，朱黎兵主编. -- 厦门：厦门大学出版社，2025.3.
ISBN 978-7-5615-9490-2

Ⅰ. G122

中国国家版本馆 CIP 数据核字第 20255CD236 号

责任编辑	郑　丹
美术编辑	李嘉彬
技术编辑	许克华

出版发行　厦门大学出版社

社　　址　厦门市软件园二期望海路 39 号
邮政编码　361008
总　　机　0592-2181111　0592-2181406(传真)
营销中心　0592-2184458　0592-2181365
网　　址　http://www.xmupress.com
邮　　箱　xmup@xmupress.com
印　　刷　厦门集大印刷有限公司

开本　889 mm×1 194 mm　1/16
印张　36.25
插页　2
字数　988 千字
版次　2025 年 3 月第 1 版
印次　2025 年 3 月第 1 次印刷
定价　168.00 元（全 5 册）

本书如有印装质量问题请直接寄承印厂调换

目录

衣 / 1

初识惠安女服饰

（欣赏·评述单元）……………………………… 3

（创意·表现单元）……………………………… 9

食 / 15

寻踪闽南茶味故里

（欣赏·评述单元）……………………………… 17

（创意·表现单元）……………………………… 23

住 / 29

邂逅沧江古镇

（欣赏·评述单元）……………………………… 31

（创意·表现单元）……………………………… 39

行 / 45

"行"之奥秘——古船新生

（欣赏·评述单元）……………………………… 47

（创意·表现单元）……………………………… 55

衣

福建篇

非遗里的中国智慧

FEIYILI DE
ZHONGGUO
ZHIHUI

小学分册

初识惠安女服饰

（欣赏·评述单元）

❀ 单元情境

美术老师是个惠安女迷，闲暇时经常会带着班里的学生到惠安去摄影、写生，平时还会收集惠安女服饰配件。同学们对此很不理解，觉得那些服装没什么好看的，没有我们现在穿的衣服实用和洋气。明明是传统的服饰，为什么到老师眼里就成了"艺术品"呢？除了惠安女服饰，我们的周围还存在着蟳埔女传统服饰、湄洲女传统服饰等不同样式的各类服饰。它们到底美在哪里？又是什么促成了这种美感？在现代都市发展的大背景下，你怎样理解惠安女服饰文化？

❀ 单元目标

通过本单元的学习，同学们将了解惠安当地的文化特色，打开欣赏惠安女服饰的大门。

❀ 单元任务

本单元共分为两个主题
- "海上生花——勤劳的惠安女"，介绍惠安的品德和服饰造型和色彩搭配；
- "润物无声——和谐的家园"，介绍惠安当地文化和探究惠安服饰的传承和保护问题。

❀ 单元评价

类型	认识惠安女服饰	欣赏惠安女服饰	感悟惠安女生活智慧
自测			
辨析			
讨论			

❀ 中国智慧

师法自然、因材施艺、形意相生

第 1 课时

海上生花
——勤劳的惠安女

闽南地区泉州惠安的惠东半岛，有着悠久的海岸历史、多元的地域文化和风土人情，更有着惠安女的传说。惠安女多了一层石质般的坚硬和沉稳，有着执着坚定的男子气概。惠安女是一个独特的渔业族群，以勤劳、坚韧的性格特质和奇特的服饰之美引发世人关注。

惠安女子 遇见诗歌

惠安女

原文/段乐三
赏析/北冰

撒卡布鱼篓
依山傍水一双手
捞起小丰收
春秋水绿洲
半岛求生生智谋
手艺换甜头

> 诗歌最突出的地方是什么？作者是怎么体现惠安女的智慧的？

> 诗歌最突出的特点就是赞美惠安女勤劳、手巧。"手艺"一词，将这些全部囊括其中，所有的成果或收获，都是她们智慧的结晶。

海的女儿

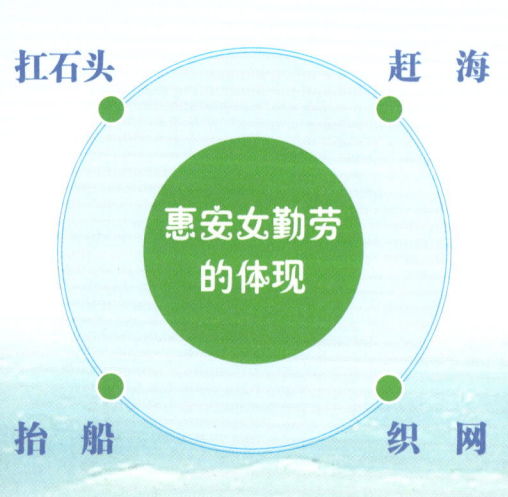

惠安女勤劳的体现

- 扛石头
- 赶海
- 抬船
- 织网

知识窗

据统计，当年参加乌潭水库（惠女水库的前身）建设的惠安女约有 1.3 万人，而此次水利工程参建的民众仅有 1.5 万人！当时在修建水库时，无论是挖土、挑土、打夯、推车、锯木、打石、驾船，还是紧张地抢险，惠安女都挺身而出，站在了最前沿！

乌潭水库建设

想一想

赏析惠安女劳作的图片，你觉得惠安女身上有什么值得学习的精神品质？

巾帼服饰中的一朵奇葩

黄斗笠、花头巾、短上衣、宽筒裤，就是惠安女服饰的典型搭配。它是汉民族服饰中最具视觉冲击力的个性服饰，被誉为"巾帼服饰中的一朵奇葩"。

知识加油站

"封建头，民主肚，节约衣，浪费裤。"

"封建头"指惠安女总是用花头巾和黄斗笠严严实实地包裹面部，仅露出五官；

"民主肚"指惠安女在劳作中露出肚脐却不遮挡；

"节约衣"指惠安女上衣短小至腰部；

"浪费裤"指下装裤管特别宽松肥大。

你觉得惠安女的服饰造型对于劳作有什么便利？

斗笠可以遮阳防晒，雨天也可挡雨；海边风沙肆虐，头巾可以挡风防沙、御寒保暖。

细节大发现

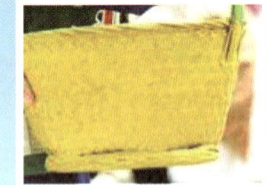

想一想
运用费尔德曼四步鉴赏法鉴赏惠安女服饰的艺术特色。

描述　分析　解释　评价

试一试
欣赏惠安女服饰的色彩搭配，提取服饰中的颜色，并制作小色卡。

评一评
1. 了解惠女精神　　　　　　　　　☆ ☆ ☆ ☆ ☆
2. 认识惠安女服饰的造型和色彩　　☆ ☆ ☆ ☆ ☆
3. 乐于传承与弘扬惠安女精神　　　☆ ☆ ☆ ☆ ☆

第 2 课时

润物无声
——和谐的家园

走进惠安

欣赏惠安女服饰特色，还要由表及里地走进惠安。让我们一起感受惠安环境特色与文化魅力！

找一找

美丽的惠安有哪些颜色？用水彩颜料填涂在圈圈里吧！

惠安女服饰文化

2006 年 5 月，惠安女服饰入选第一批国家级非物质文化遗产名录。作为非物质文化遗产，惠安女服饰既保留了传统服饰的精髓，又适应着时代的变化，焕发出新的生命力。这得益于一代代惠安女服饰制作艺人的不断探索与尝试。

老艺新生

几十年来，老艺人詹国平不仅在一针一线中练就了精湛的手艺，而且还收藏了清末至今所流行的惠安女服饰及头巾绣品、饰物等，数量近 400 件。传承人詹国平从早期的惠安女服饰中寻找灵感，用心传承此项技艺。

探索海洋

惠安人以超人的胆识打开了大海之门，以大海般的胸襟拥抱海洋、拥抱世界。

知识窗

福船，是福建、浙江沿海一带尖底古海船的统称。其船上平如衡，下侧如刃，底尖上阔，首尖尾宽两头翘，整体蕴藏着不少美的元素。

探秘神奇的石沪

石沪，是一种古老的陷阱类堤堰式石结构定置捕鱼工具。迄今已有500多年历史，是海洋文化的"活化石"，是伟大的创举。

品味惠安特色美食

山海的自然相遇、人文的历史遗迹，既造就了惠安绵延的诗意风味，也孕育了琳琅美食。崇武鱼卷、海蛎煎、地瓜粉团……勤劳的惠安人民，用自己的双手创造出独特的美味。

知识加油站

惠女风情园创始人曾梅霞以惠安模特为契机，代言惠安文化。惠女风情园于2015年正式对外开放，内设展示惠安女服饰、生活家居、农具渔具等惠女文化相关主题的小型展览；也设有八女跨海、女民兵哨所、惠女水库等彰显惠安女精神的观光设施。

评一评

感受惠安自然风光，说说惠安当地环境对惠安女服饰的影响，并对保护和传承非遗文化提出建议。

初识惠安女服饰

（创意·表现单元）

❁ 单元情境

　　美术老师对惠安女特别好奇，他带学生们一起对传统服装有着鲜明特点的惠安女进行研究，还带着学生们前往惠安接触了解惠安女。充满烟火气的生活给美术老师和同学们带来了和书本知识不同的理解、感受。在欣赏与评价中，同学们对惠安女的服装为什么好看有了基本的理解，明白了为什么传统的服饰到老师眼里就成了"艺术品"。除此之外，学生们产生了新的疑惑：我们要如何创新制作惠安女服饰呢？如何将现代的服装和传统服装进行融合设计呢？如何在设计中既保留传统又体现创新呢？

❁ 单元目标

　　通过本单元的学习，同学们将了解惠安女的传统服饰，通过对惠安女服饰的创新设计，在继承传统中寻求创新。

❁ 单元评价

类型	掌握程度	创新创意
自评		
师评		

❁ 单元任务

本单元共分两个主题：

· "初识惠女——美丽的花头巾"，介绍惠安女花头巾的造型和色彩搭配；

· "印象惠女——独特的花衣裳"，通过绘画设计等艺术表现手法对惠安女的服饰进行设计。

❁ 中国智慧

吃苦耐劳、勤劳节俭

第 1 课时 　**初 识 惠 女**
　　　　　　　　——美丽的花头巾

今天我们要交一个新朋友：惠安女！

我们要如何分辨惠安女呢？

我们可以从她们的穿着打扮来分辨。

你看，那个戴"花头巾"的女孩！

独特印记·花头巾

观察惠安女头巾上图饰的线条、色彩、形状、肌理等。

欣赏与分析·花头巾

比一比

惠安女头巾 　　　　回族头巾 　　　　维吾尔族头巾

提问空间　你们通过观察惠安女的花头巾，发现了什么规律和特点？

10

知识拓展框

二方连续

二方连续，是图案花纹的一种组织方法。二方连续是由一个单位纹样（一个纹样或两三个纹样组合为一个单位纹样），向上下或左右两个方向反复连续而形成的纹样。

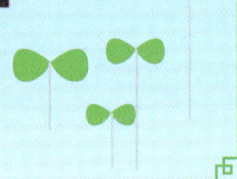

> 通过以上对比观察，谈谈你们的感想吧！

> 我们可以结合惠安女头巾上图饰的特点，把它的特点以手账或者思维导图的形式用绘画的方式记录。

> 特点？是从线条、色彩、形状、肌理去设计惠安女的头巾吗？

> 是的，我们要先观察，然后归纳收集到的信息，构思草图后，开始设计绘画，最后完成完整的画面！

> 那我们需要提前准备什么吗？

> 我们需要准备惠安女头巾的照片、花纹图案样式、铅笔、马克笔、橡皮、记号笔、纸等绘画材料。

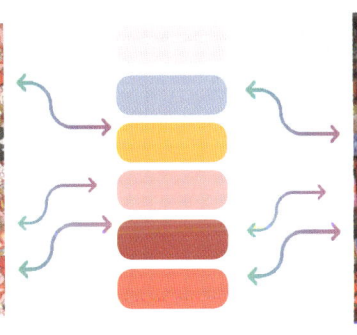

11

第 2 课时 | **印象惠女**
——独特的花衣裳

花衣裳的构成

哇！好漂亮的花衣裳！她们的服饰和我们的有什么不一样呢？

上衣

裤子

惠安女的服饰，由哪些元素组成？有什么特点呢？

知识回顾　惠安女是指生活在福建泉州惠安县惠东半岛海边的一群衣着靓丽的女性，她们以奇特的服饰、勤劳的品质闻名海内外。她们的服饰特点：头披鲜艳的花巾，上身穿斜襟短衫，下着黑色宽裤。

12

花衣裳的构成与设计

审美拓展

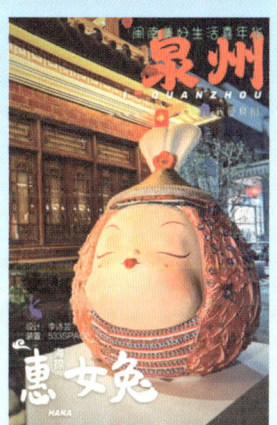

我们要设计制作有创意的"新衣裳"！同学们知道接下来我们要怎么做吗？

我们可以通过了解惠安女服饰的组成和造型元素，用彩色笔和纸等设计惠安女的"新衣裳"。

老师建议：还可以用一些有趣的材料，比如用贴纸拼贴的方法设计"新衣裳"。

好的，那我们要准备好惠安女服饰的图片，还有绘画的工具，好期待啊！

动动脑！动动手！

运用贴纸、剪刀等工具对自己设计的衣服进行拼贴吧！

活动评价

1. 掌握程度：
☆☆☆☆☆

2. 作品完成：
☆☆☆☆☆

3. 创新与创造：
☆☆☆☆☆

13

食

非遗里的中国智慧

FEIYILI DE ZHONGGUO ZHIHUI

福建篇

小学分册

寻踪闽南茶味故里

（欣赏·评述单元）

❀ 单元情境

中国茶文化的博大精深不仅体现在采茶、制茶、饮茶的部分，更体现于品茶时与茶相关的茶具、配花、茶案等。每一次品茶都是传统与现代的交融，也是与古人对话。本单元在深入了解茶文化的过程中探究闽南地区独特的茶具，制作特色贺卡，将自己感恩的心意，传递给身边的人，探寻闽南茶味故里。

❀ 单元目标

能知道：德化陶瓷的悠久历史，陶瓷茶杯的制作过程，陶瓷茶杯的欣赏方法。

能做到：用观察法欣赏茶具，描述德化白瓷茶具的特征，并能将欣赏方法迁移至其他陶瓷茶具。

能理解：闽南德化陶瓷蕴含的中国智慧。

❀ 单元任务

· 认识德化白瓷，了解德化白瓷的材质与特征，观察茶具，学会鉴赏茶具的方法。

· 探究茶具制作的历史文化，描述感受到的古人制作茶具的智慧。

· 根据自己的观察与感受，总结自己的感想，制作茶杯贺卡与立体茶具，送给亲朋好友。

❀ 单元评价

类型	历史与文化	茶具赏析	制作贺卡	茶智慧
自测				
辨析				
讨论				

❀ 中国智慧

物以载道、因材施艺、说繁道简

第1课时 千年窑火
——寻踪德化白瓷茶具

寻踪德化陶瓷

德化陶瓷又称德化瓷，是福建德化县的传统瓷雕塑烧制技艺之一。德化县地处福建省中部，与江西景德镇、湖南醴陵并称中国三大近代瓷都，是中国陶瓷文化的发祥地之一。

德化瓷器

知识窗

德化瓷的制作始于新石器时代，兴于唐宋，盛于明清，技艺独特，传承未断。德化陶瓷在我国丝绸之路上起到重要作用，远销东南亚、中东、中亚等地区。2006年，德化瓷烧制技术被国家列入第一批国家级非物质文化遗产保护名录。

德化白瓷

德化白瓷拥有悠久的历史。直到现在，德化白瓷茶具也是市场上热销的一种茶具。那么，这种茶具有哪些特点呢？

德化白瓷

探秘德化陶瓷茶具

德化白瓷茶具多以乳白色为主色调，有温润细滑、晶莹剔透的特点，德化白瓷中所含有的杂质极少，所以它的釉色纯净，光泽柔润。因其二氧化硅与钾、钠含量都较高，所以烧成后玻璃质感相对较强，这也是白瓷密度高、透光度良好的因素之一。

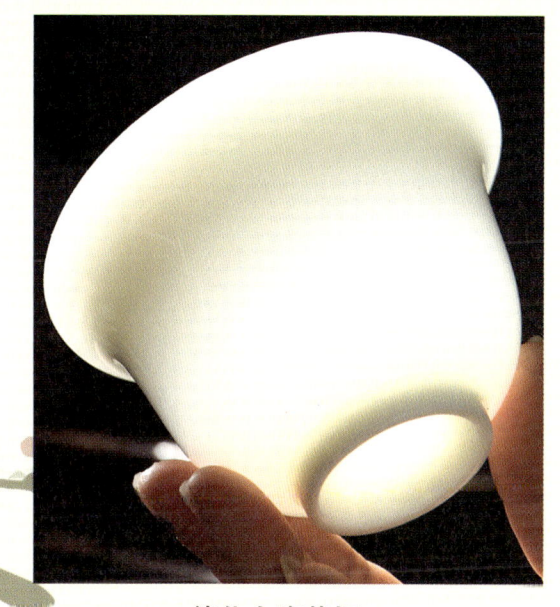

德化白瓷茶杯

德化白瓷选择德化当地的优质高岭土，这种土具有黏性大、不易断、可塑性极强等特点。通过艺术加工，瓷器整体的艺术特色在动与静之间形成，具有极高的艺术价值。

德化白瓷茶杯

小贴士

德化白瓷茶具上精美的绘画是其优点之一，多用贴花、印花、堆花等工艺做装饰，装饰以后的德化白瓷茶具精致漂亮，美观大方。

快欣赏身边的德化白瓷茶具，看看是否具有这些特点吧！

德化白瓷茶杯绘画

第 2 课时

茶意传情
——制作立体茶杯贺卡

让我们像设计师一样，用自己设计的花纹，设计出独特的德化白瓷茶杯吧！

立体茶杯贺卡创作

活动名称：立体茶杯贺卡创作

适合年级：小学学段

创作类型：综合材料

准备材料：卡纸、马克笔、橡皮、铅笔等

活动时长：30分钟

铺垫制作

1. 准备材料

2. 设计杯型

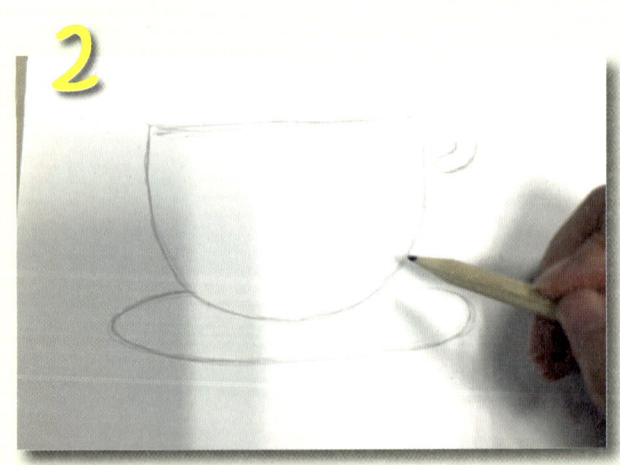

杯具制作

3. 轴对称绘制茶杯

4. 将杯子对折剪下来

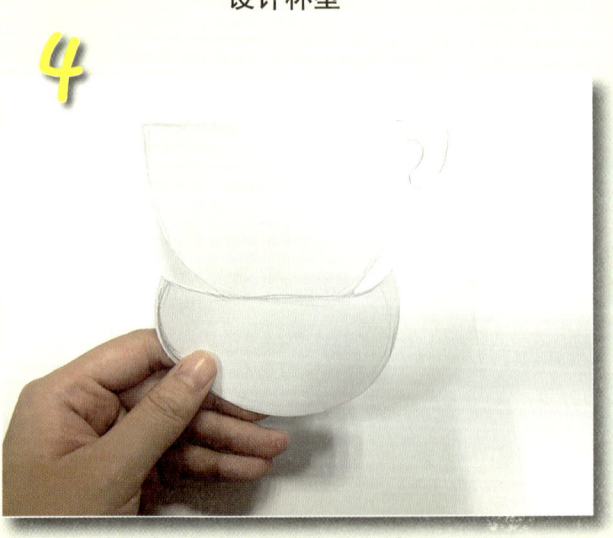

20

绘制花纹

描边杯型

设计花纹

丰富细节

将茶杯粘贴立体

完善细节

拓展作品

拓展作品

茶杯贺卡制作好了，请你也快来动手试一试吧！

寻踪闽南茶味故里

（创意·表现单元）

❀ 单元情境

中国茶文化，深入人心；闽南茶之味，沁心暖脾。闽南地区的茶文化给人以温暖向上的感受，茶具作为茶文化中重要的组成部分，深刻影响茶文化当中的品位与格调。在本单元中，让我们充分发挥创意，动手制作自己设计的茶具套装，配以茶席立体纸花，彰显特色闽南茶文化。

❀ 单元目标

能知道：欣赏德化茶具的美术语言，运用超轻黏土设计茶具套装的方法。

能做到：制作出充满创意与美感的茶具套装，描述出设计的过程及方法。

能理解：中国茶文化当中蕴含的智慧。

❀ 单元任务

· 能够用美术语言表达茶具的线条、色彩、形状、肌理等造型元素。

· 使用超轻黏土、彩色笔和纸等不同的工具材料，发挥创意制作茶具套装。

· 根据自己制作的立体茶具套装，搭配合适的茶案配花，创作茶案套装。

❀ 单元评价

类型	茶具制作	配花制作	描述感受	总结智慧
自测				
辨析				
讨论				

❀ 中国智慧

物以载道、因材施艺

第 1 课时 初识白瓷
——设计套装茶具

套装茶具是闽南茶桌上不可缺少的一部分，下面让我们动手制作一套吧！

套装茶具设计

活动名称：套装茶具设计

适合年级：小学学段

创作类型：综合材料

准备材料：超轻黏土、水粉工具、橡皮、铅笔

活动时长：30 分钟

1 了解茶具的组成，寻找灵感

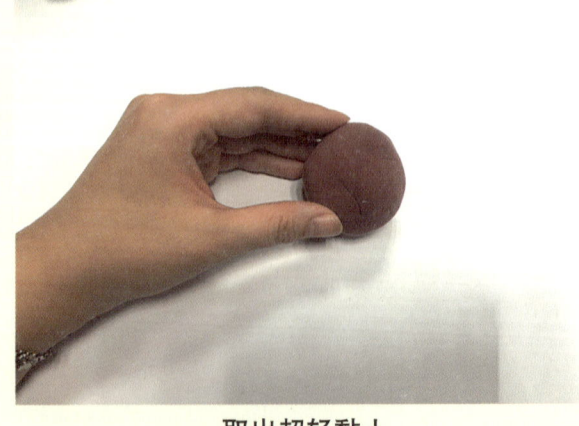

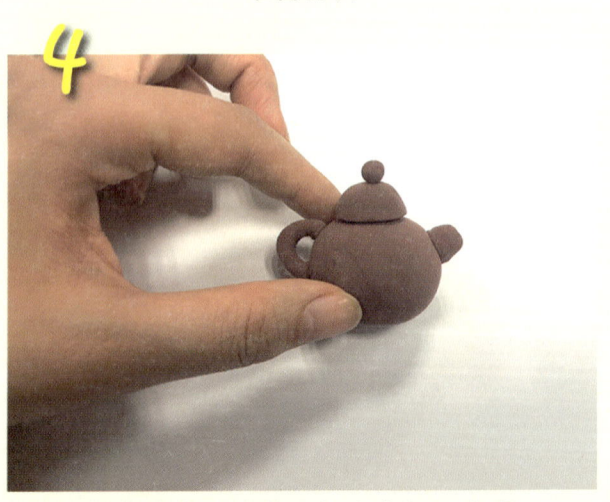

2 准备材料

3 取出超轻黏土

4 捏出壶身、壶盖、加上壶柄、壶嘴

5 制作茶壶底垫

6 放置茶壶观察大小

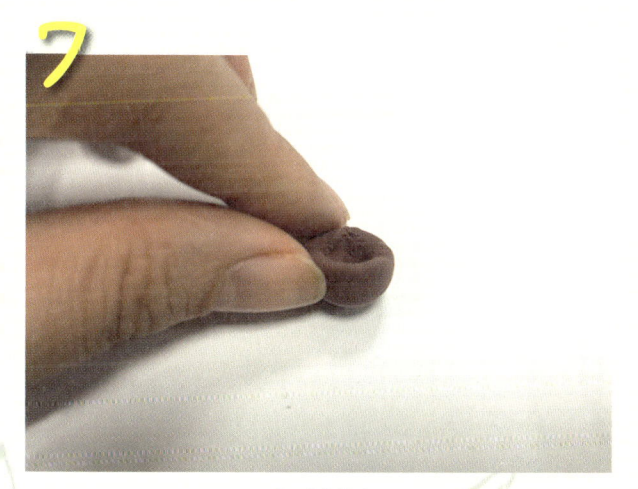

7 捏制茶杯

8 放置茶杯

9 完善细节

10 套装茶具制作好了，请你也快来动手试一试吧！

第 2 课时

印象茶席
——制作茶席立体纸花

喝茶的时候有花陪伴，给人一种优雅的感觉，让我们一起制作茶席立体纸花吧！

茶席立体纸花创作

活动名称：茶席立体纸花创作

适合年级：小学学段

创作类型：综合材料

准备材料：糯米纸、钢丝、超轻黏土、彩色粉笔等

活动时长：40分钟

准备材料 　　设计花瓣形状 　　依据形状剪出花瓣

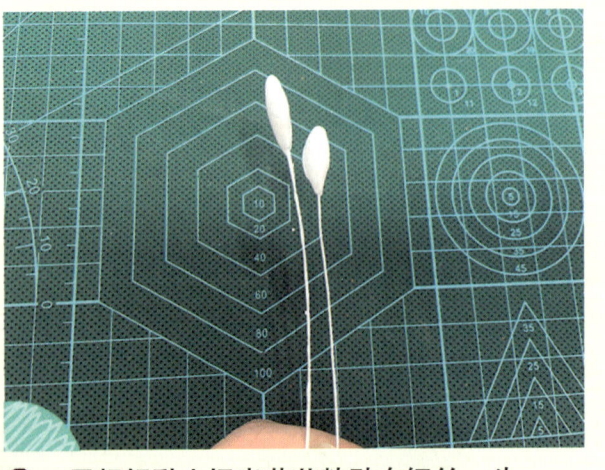

用超轻黏土捏出花芯粘贴在钢丝一头 　　为小号花瓣上色

给花瓣上色时，请注意按压出一点花瓣的纹路哦。

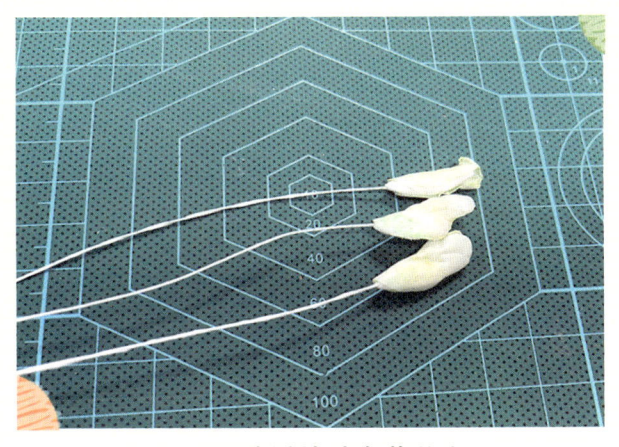

将小号花瓣粘贴在花芯上

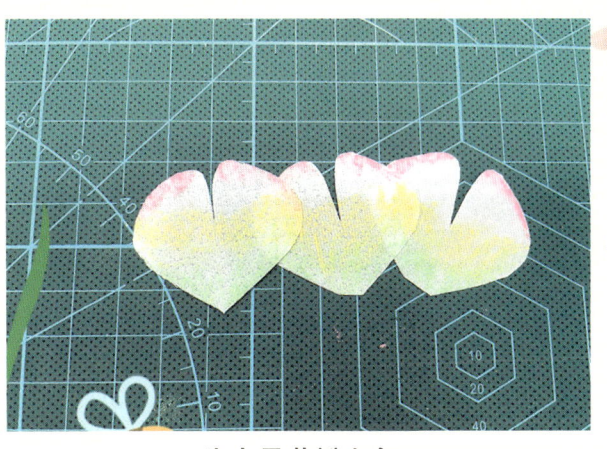

为大号花瓣上色

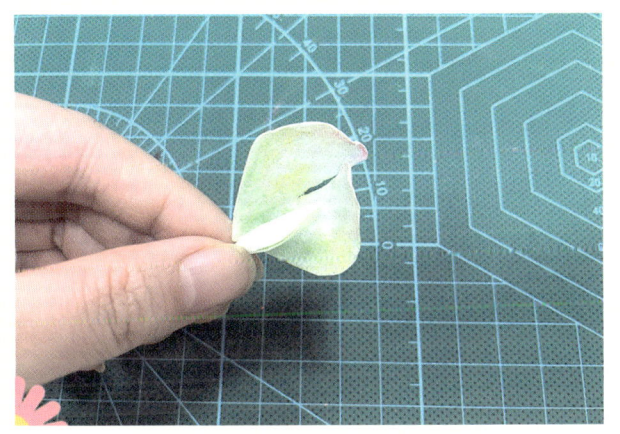

将大号花瓣贴在花苞上

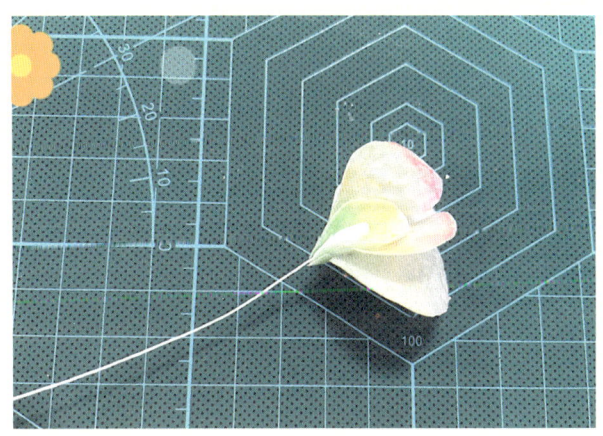

粘好后调整花瓣位置

组合花束

捏出花蕊

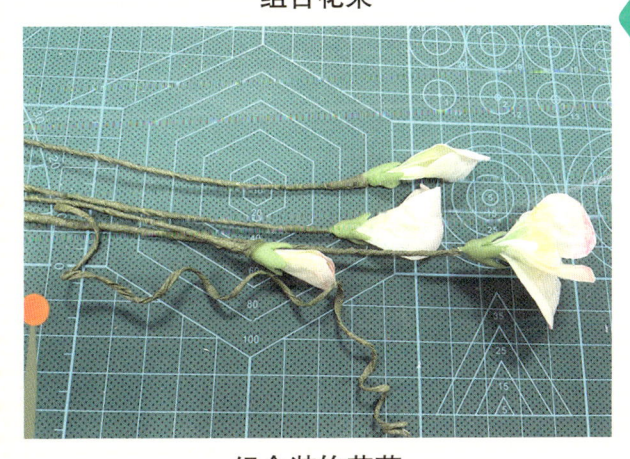

组合装饰花蕊

作品完成啦！与茶席搭配在一起是不是相得益彰呢？你也快来试试吧！

住

福建篇

非遗里的
中国智慧

FEIYILI DE
ZHONGGUO
ZHIHUI

小学分册

邂逅沧江古镇

（欣赏·评述单元）

❁ 单元情境

厦门沧江古镇曾是港口要镇。随着海沧大桥的通车，城市商业中心转移、人口流出、老旧房屋拆迁，沧江古镇昔日的繁华早已不在。当地的文旅公司邀请小学生们一起参与古镇规划与建筑营造，试图让海沧这一厦门的"旧名片"重新焕发光彩。我们能汲取先民的哪些智慧建设家乡？

❁ 单元目标

知道古建筑中的泥塑彩绘技法，欣赏泥塑彩绘作品。调查古镇空间布局，因地制宜设计并制作规划模型，理解古镇建筑装饰技艺与布局中所蕴含的中国智慧。

❁ 单元评价

可以用费尔德曼四步鉴赏法欣赏一件建筑作品。能够通过调研知道并记录沧江古镇的空间布局。能设计并制作一件符合古镇发展规划的建筑模型。能口头或书面表达闽南建筑蕴含的中国智慧。

❁ 单元任务

欣赏古建筑中的泥塑彩绘装饰艺术、调查古镇布局、规划并制作古镇模型。

❁ 中国智慧

形意相生、物以载道、因地制宜、聚族而居、守正创新

沧江古镇

第 1 课时

精雕细琢
——遇见风情莲塘

作为文旅公司的负责人,我非常希望沧江古镇的文化旅游能够焕发新的生机。莲塘别墅中大量精美的泥塑彩绘有很高的艺术和文化价值,你能帮我调研一下莲塘别墅的泥塑彩绘作品与它们的制作技艺吗?

任务一
◎ 欣赏泥塑彩绘
关键词:形意相生、物以载道

初识莲塘别墅

闽南有一句古话:"看大厝,去海沧,莲塘别墅水当当!"沧江古镇是海沧最具古韵的地方之一,而莲塘别墅则是沧江古镇的一朵奇葩。

大门上方牌匾"莲塘别墅"的两侧楹联写有"莲不染尘君子比德,塘以鉴景学士知方",道出了别墅名称的由来,人们从中也可以品味出别墅主人对教育的重视和对后辈寄予的期望。

探秘泥塑彩绘

❖ 装饰位置

泥塑彩绘是厦门红砖古厝必不可少的装饰手法。灰塑和彩绘作为两种常用于中国传统建筑上的绘制装饰手法，在莲塘别墅中多联合出现在山花、水车堵、窗楣、塌寿、身堵等处。

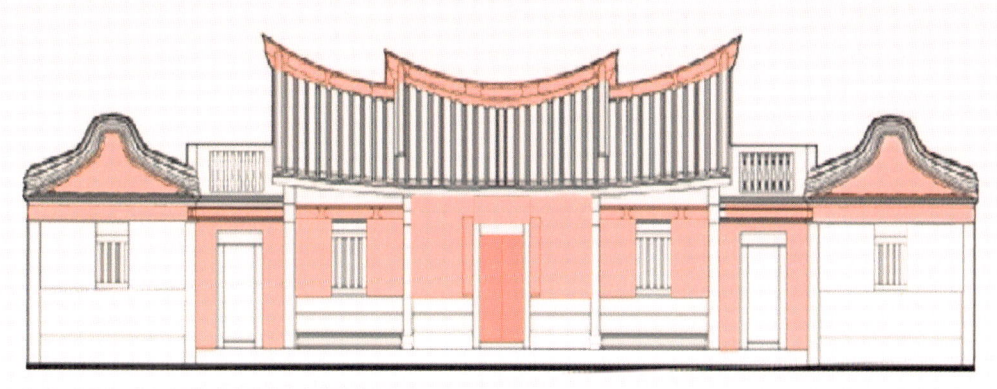

莲塘别墅泥塑彩绘常见装饰位置示意图

山花　　窗楣　　水车堵

想一想

泥塑彩绘相比其他木、石、砖的装饰，在装饰位置上有何不同之处？

❖ 材料技法

泥塑彩绘以传统建筑中的灰泥为材料，由蛎壳灰、麻丝、煮熟的海菜，有时添加糯米浆、红糖水，搅拌、捶打而成。干硬后色泽洁白、质地细腻，将表面漆成彩色后，常被误认为是陶制作品。

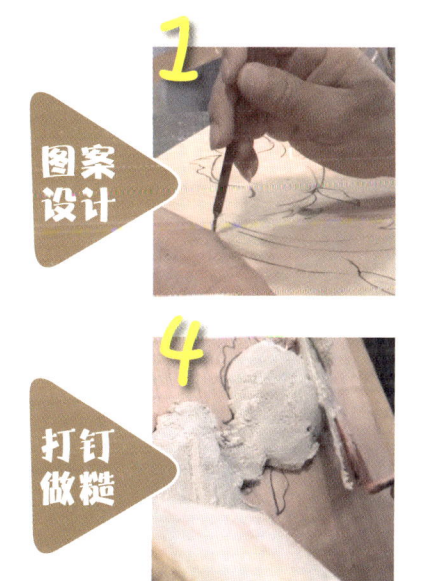

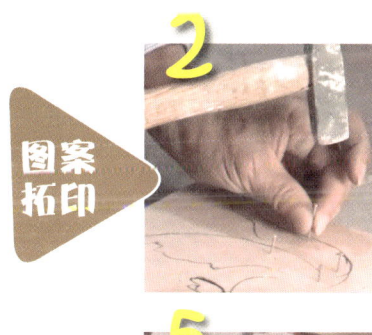

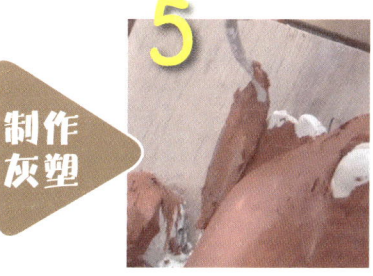

1. 图案设计
2. 图案拓印
3. 粉笔描点
4. 打钉做糙
5. 制作灰塑
6. 灰塑上色

❖ **图案寓意**

莲塘别墅中的泥塑彩绘主题多为戏曲人物和百鸟花卉。不同的装饰纹样都不约而同地反映出建造者对于生命的繁衍、福寿、如意、吉祥等美好的向往。

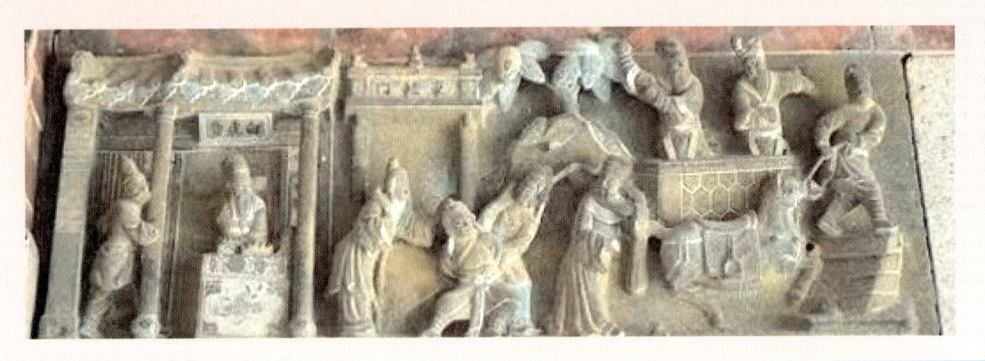

图案	仙鹤	苍松	竹子
寓意	福寿天齐	坚韧不拔	君子之道
图案	梅花	兰花	石榴
寓意	冰清玉洁	淡泊高雅	多子多福

用费尔德曼四步鉴赏法

1. 描述

画面上有三枝莲花、一只白鹭、一片荷叶、一株芦苇和一块孤石。

2. 分析

一枝莲花竖直向上生长，一枝莲花向左上衍生，一枝莲花正含苞待放。白鹭栖于莲花边的孤石上回首。

3. 解释

整个画面一只白鹭立于青莲之侧，鹭谐音"路"，莲谐音"廉"。有隐喻"一路清廉"之意。

4. 评价

用泥塑的形式借物抒情，巧妙地抒发了主人廉洁自律的品格。

❖ **泥塑彩绘的智慧**

闽南匠师们根据装饰题材、表现内容和装饰部位的不同，用泥塑彩绘表达对美好生活的向往。

试一试

在莲塘别墅中选择一幅你最喜欢的泥塑彩绘作品，运用费尔德曼四步鉴赏法进行鉴赏。

第 2 课时

云游逸品
——重启沧江古镇

要想让沧江古镇的文化旅游焕发新的生机，光有装饰精美的古建筑是不够的，还需要从整体去规划，你愿意与我一起参与到古镇的空间设计以及布局规划中来吗？

任务二

◎探索沧江古镇"一轴两心四线"的群落分布现状，考察沧江古镇的历史变迁、社会商贸环境以及人居文化等。
关键词：因地制宜、聚族而居

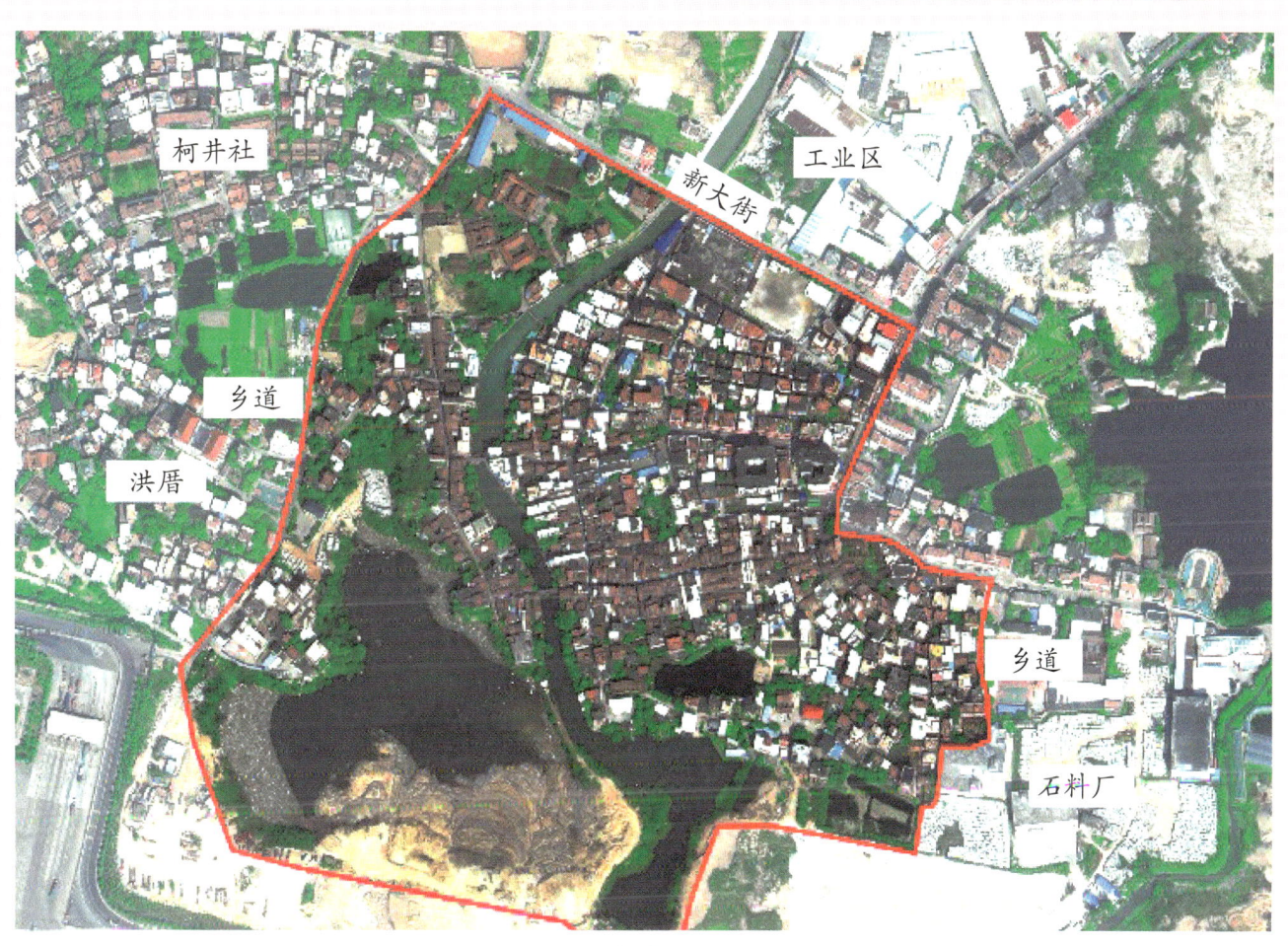

沧江古镇概况图

沧江古镇是福建四大商港之一，作为月港的港尾部分，其完整体现了民国初期的历史风貌，是海上丝绸之路文化核心区的重要历史见证。经过不同文化的交融，形成了多元融合、百花齐放的形态。

古镇空间结构"一轴两心·四线"

一轴为沧江水轴，有着"沧江归海，海润沧江"的美誉。沧江不仅滋养了海沧人，还是海上丝绸之路的文化核心区。

古镇水轴图

两心为以莲塘别墅群为核心的传统民居、以采石矿坑为核心的工业遗址。

采石矿坑 　　莲塘别墅

四线为四条传统手巾寮古街，其是以手巾寮为主要建筑形式的商业街。

手巾寮古街

想一想

"一轴两心四线"作为沧江古镇的空间布局形式，你认为其中存在怎样的局限呢？

古镇布局中的特色文化

闽南的地理环境使早期在此生息的闽越先民，发展了山行水宿、饭稻羹鱼的海洋文化。沧江古镇的滨海地理环境和闽越文化的融入，以及闽南人经商异域的历史传统，使其拥有异于中原本土的海洋色彩和海洋精神。

智慧树

侨乡文化以国、乡、家的理念为根本，发展成以血缘、地缘为主的乡土观念，到如今演化为爱国、爱乡、爱家的民族情感。

过 去

"海丝"的文化核心区，商贸文化集镇，交通枢纽

现 在

历史文化古镇，海沧乡愁记忆点，古镇旅游点

未 来

闽南"海丝"文化中心，水岸生态人居地，对外文化创新交流区，智慧生活体验区

沧江古镇在不同时期的空间布局和文化历史结合展现出古镇怎样的特点？

试一试

尝试运用古镇规划图的方式，从历史变迁、社会商贸环境以及人居文化等方面来与文旅公司负责人进行沧江古镇布局的创新，让沧江古镇绽放地域魅力风情。

绘制过程

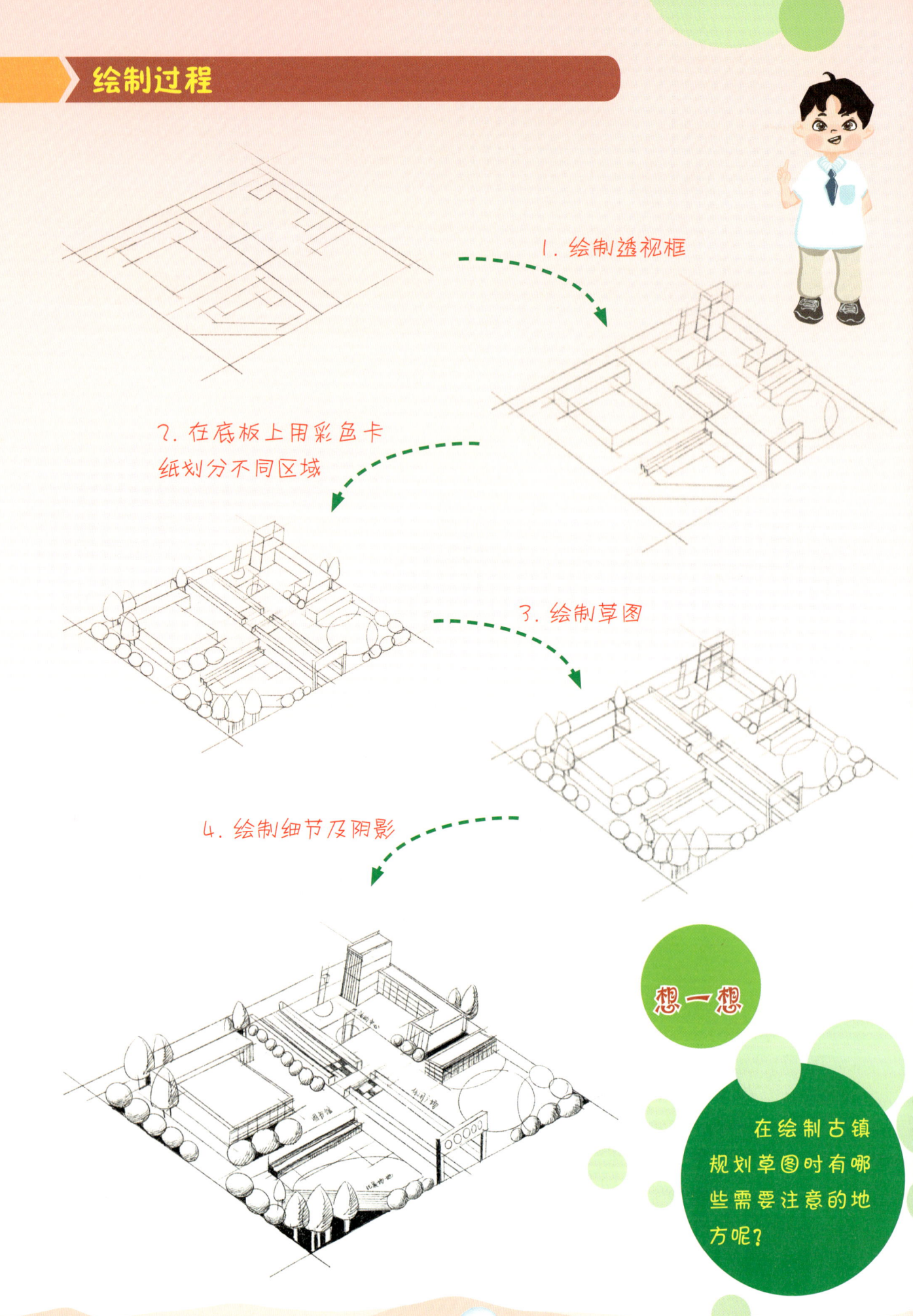

1. 绘制透视框

2. 在底板上用彩色卡纸划分不同区域

3. 绘制草图

4. 绘制细节及阴影

想一想

在绘制古镇规划草图时有哪些需要注意的地方呢?

邂逅沧江古镇

（创意·表现单元）

❀ 单元情境

在接受到来自当地的文旅公司关于合作开展古镇规划与建筑营造的邀请后，我们已经通过欣赏汲取了先民在进行家乡建设时的智慧。我们如何运用这些智慧来发现并解决海沧江古镇当前面临的问题。

❀ 单元目标

调查古镇空间布局，因地制宜设计并制作规划模型，理解古镇布局中所蕴含的中国智慧。

❀ 单元评价

能够通过调研了解沧江古镇的空间布局。能设计并制作一件符合古镇发展的规划模型。能口头或书面表达闽南古镇建筑布局中蕴含的中国智慧。

❀ 单元任务

调查古镇布局，规划并制作古镇模型。

❀ 中国智慧

因地制宜、聚族而居、守正创新

沧江古镇

第1课时 妙手匠心
——构建纸艺古厝

非常感谢你们为沧江古镇做出的规划，古镇即将进入翻新改造阶段，让我们一起营造出心目中的沧江古镇，让厦门的"旧名片"重新焕发光彩吧！

任务三

◎ 探索沧江古镇的环境色彩与空间布局，了解不同特性的材料在古镇营造中的运用。

关键词：因地制宜、守正创新

沧江古镇曾是港口重镇，也是海沧一带最古老、繁华的商业街道。

沧江古镇繁华不再

随着海沧大桥的通车、海沧商业中心的转移，沧江古镇没有了往日的繁华，正等待着被开发和保护。

海沧的城市发展

古镇环境色彩

沧江古镇有着独特的魅力，无论是屋檐、墙面还是绿植，都充满色彩的智慧。欣赏它的美景，便能感受到其中蕴含的古色古香的韵味，和它所展现出的深厚底蕴。

莲塘别墅三落大厝

黄公桥　　燕尾脊　　张允贤故居

> 墙面砖条拼贴图案是用红砖和花岗石叠砌而成的。红砖拥有艳丽的色彩和坚硬的质地。它的装饰效果在于红砖本身带有的纹路在组砌时产生的独具特色的自然美，以及石砖之间形成的红白相间的色彩美。

古镇空间布局

1. 因地制宜，保护生态环境

利用古镇内部传统建筑，将其修缮改造；修缮沧江古街，恢复其以前作为商业街的功能。为工业遗留注入新生活力，创造滨水绿色空间，提升矿坑使用价值。

想一想

如何融合古人智慧与今人智慧，从生产、生态、生活等方面着手设计古镇的空间布局，为古镇带来新的复兴活力呢？

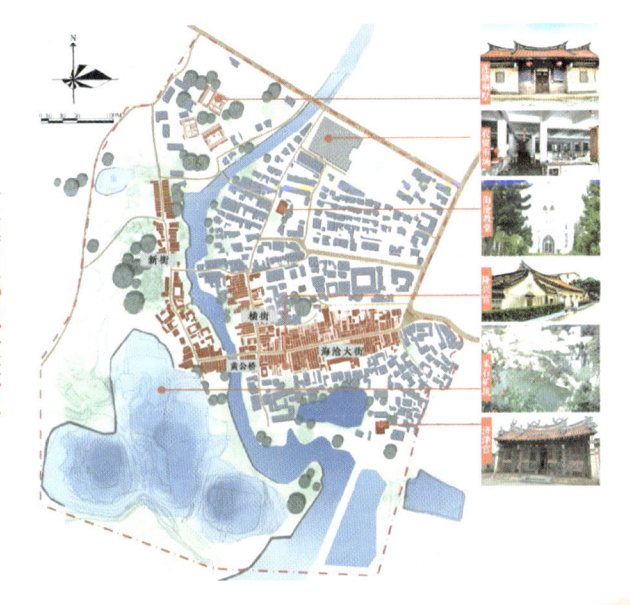

古镇内部现状概况

沧江古街

恢复莲花洲原有生态，建造生态浮岛，提供休憩绿色空间；治理沧江水系，恢复古渡口；建设矿坑绿色生态建筑；等等。

2.智慧生活，提高空间质量

在保留海上丝绸之路、南洋文化、闽南传统文化元素的基础上，结合现代新"海丝"建设、运用新技术手段，新建文化体验场馆传承"海丝"记忆；完善基础服务设施，满足居民生活需求，建设宜居生活古镇。

文化体验场馆

巧用综合材料

工具类

油画平头刮刀、小型喷壶、海绵滚筒、橡皮筋、塑料保鲜膜、纸巾、胶带、胶水、剪刀等。

人造材料

包括毛线、纽扣、泡沫等生活材料，各种纸类、画布等基底材料，和不同材质的颜料与彩色画笔等绘画工具。

自然材料

包括树枝、树叶、花瓣、果壳、石头、黏土、砂粒等。

综合材料作品

智慧

不同材料的特性是不同的，包括光泽、质感、软硬程度、形状等。我们要根据材料的特点与自己的创作想法选取适合的材料和创作手法。

试一试

尝试使用综合材料将绘制的古镇设计草图制作成立体纸模型，并向文旅公司负责人分享你的古镇规划。

说一说：制作古镇纸模型还可以运用哪些综合材料？

活动过程

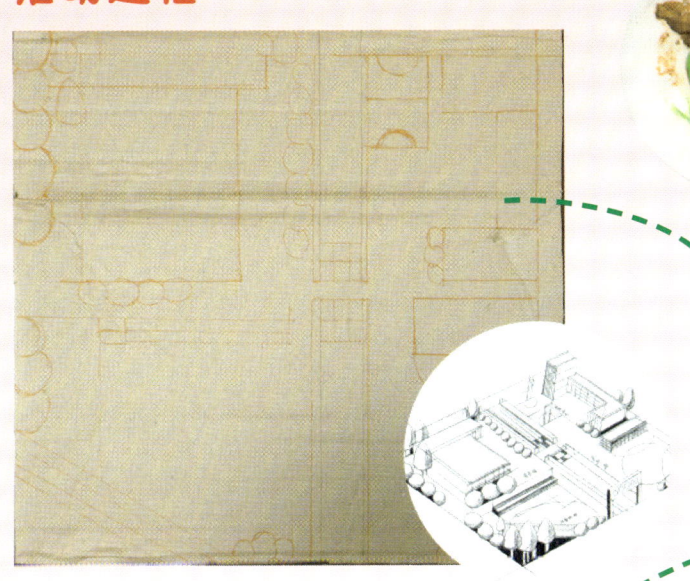

1. 将规划草图呈现在卡纸上

2. 用颜料在卡纸上分出不同区域

3. 用颜料与卡纸制作建筑，粘贴在地面上

4. 添加绿化，完成模型制作

我的作品

所用材料：

创作理念：

评一评

评价项目	评价标准	等级（权重）（评价为1~5分）		
		自评	小组评	师评
知识与技能	了解莲塘别墅建筑中的装饰特点与技法 发现传统建筑装饰中形意相生的智慧			
	运用费尔德曼四步鉴赏法欣赏泥塑彩绘作品			
	认识沧江古镇的传统环境布局中的空间结构 发现传统空间布局形式中存在的局限			
	基于古今空间布局的调研，从历史变迁、社会商贸以及人居文化等方面设计古镇规划草图			
	探索古镇传统的环境色与空间布局，了解不同特性的材料在古镇营造中的运用 发现古人在布局上因地制宜的智慧			
	利用综合材料，完成立体纸模型的制作，并能够分享自己的规划创意			
过程与方法	能熟练查阅资料，并展开调查研究法			
	能与同学一起合作、交流与讨论			
情感、态度和价值观	课上积极参与，勇于发言			
	对课堂与身边的建筑装饰感兴趣			
	欣赏能力有所提升			
	形成发展古镇的人居文化与商贸环境的意识			
	对传统古镇的建筑空间与环境布局有所认识			
	理解传统古镇中蕴含的中国智慧，坚定文化自信			
	培养对不同文化尊重包容的态度			

我这样评价我自己

伙伴眼里的我

老师的话

课堂反馈（建议、收获）

行

福建篇

非遗里的
中国智慧

FEIYILI DE
ZHONGGUO
ZHIHUI

小学分册

"行"之奥秘——古船新生

（欣赏·评述单元）

单元情境

同学们了解过"郑和下西洋"的故事吗？是否思考过郑和船队为什么选择"福船"作为远航的工具？

"福船"又是如何在航海奇妙之旅中发挥重要的作用呢？接下来，就让我们跟随郑和一起探寻"福船"的神奇之处及其身世之谜！

单元目标

知识与技能：了解福船的造型、功能、工艺、历史地位，能够用简单的语言表达对福船的认识与传统船文化的热爱。

过程与方法：通过课堂交流与讨论，了解福船的构成，理解福船文化。

情感、态度和价值观：拥有认识、热爱、保护、传承、创新传统文化的意识与态度。

单元评价

1. 能够认识郑和宝船，理解其功能与意义。
2. 能够了解福船工艺及其发展，积极参与课堂，进行表达与交流。
3. 能够形成尊重、保护传统文化的意识，增强民族自豪感，同时尊重各民族传统文化。

单元任务

1. 学生认识福船并知道它的构成。
2. 学生能够从不同的角度了解福船相关文化知识，并通过积极的课堂交流与讨论，表达对福船文化的理解与感知。
3. 学生能够理解福船蕴含的中国智慧以及福船在各民族文化交流中的关键作用，从而增强民族自豪感，增进文化认同。

中国智慧

因材施艺、和谐共生、互帮互助

第 1 课时 | 古船探秘
——神奇的福船之谜

同学们听过郑和下西洋的故事吗？远航途中会经历哪些趣事呢？跟着郑和去看看吧！

郑和宝船

远航之前需要准备很多东西，大型的船队是首要的，其次就是我们的生活必需品。

珠宝　钱财　衣物

你们想象一下，宝船（船队）的容量得有多大，才能装下27000多人几年的吃穿用度。

水罗盘　用于指引方向。

牵星板　用于观测星空。

草药　止血、杀虫、清热等效物，大多具有携带数十种药物。生姜　黄连　黄芩

食物　蜡　盐

足船员对蔬菜的需求。其生长快，能满足瓷器里种豆芽，

准备好船只和物资，我们就开始远航了。航行途中我们的船队有300多只船，这些船是有着特殊的队形的。

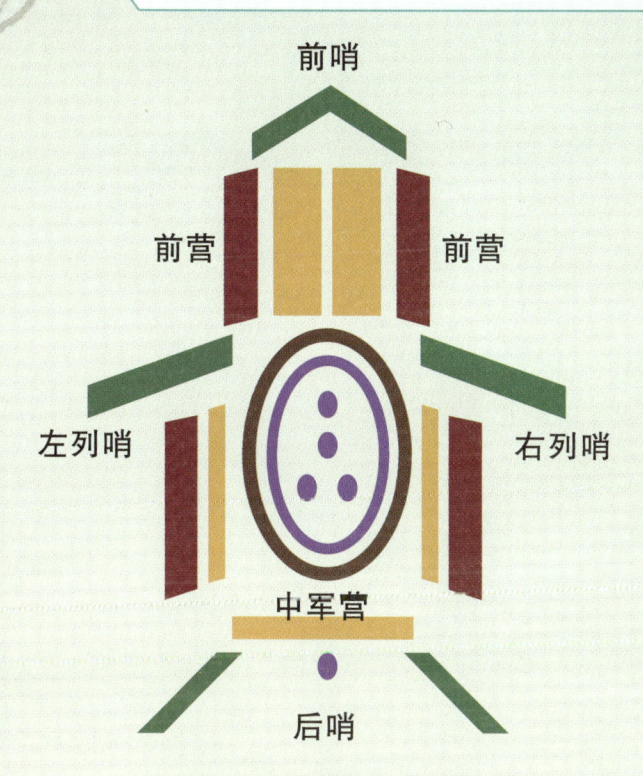

前哨

前营　　　前营

左列哨　　　右列哨

中军营

后哨

郑和船队编队示意图
（资料参考《中国古代航海史》）

■ 宝船
■ 战船
■ 坐船
■ 马船
■ 粮船和水船

知识窗

郑和从1405年至1433年的28年间，7次跨海远航，共计到达过30多个国家，7次下西洋的主要目的是传播中国文化。

郑和下西洋使中国走向世界，为纪念这一伟大功绩，中国将郑和第一次下西洋从苏州太仓出发的日子7月11日定为中国航海日。

宝船
宝船意为"入海取宝"，是福船的一种。郑和乘坐的最大号福船，长约140米，宽约60米，是船队的中心。

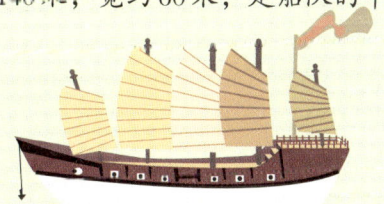

战船
用于防海盗袭击和作战，是船队中的护航兵力。

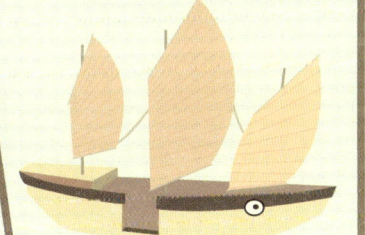

坐船
用于在航海中保卫船队。

马船
用于运输马匹和作战。

粮船和水船
粮船运输食品，水船存储淡水。

你们猜猜看：这壮观的队形像什么动物？

除了船舶靠岸，我们每天都生活在船上，船就像我们的家一样。

这里是随行人员的房间。

像郑和这[样]的重要官员就在这里。

航行中没有蔬菜吃容易生病，因此海员闲下来就会在这种菜。有时还会养一些家禽。

这些用来存储干粮、宝物和其他物品的格子叫"水密隔舱"，这是一种很厉害的造船技术。

我们在访问其他国家的时候，发生了许多有趣的故事！

🚩 在占城国（今越南），我们将祖国的耕种技术传授给他们并赠送了工具，受到国王的隆重欢迎。

在三佛齐（今印度尼西亚），我们帮忙赶走了当地的海盗。

在满剌加（今马六甲），我们建立了仓库和兵营，作为以后航行的中转站。

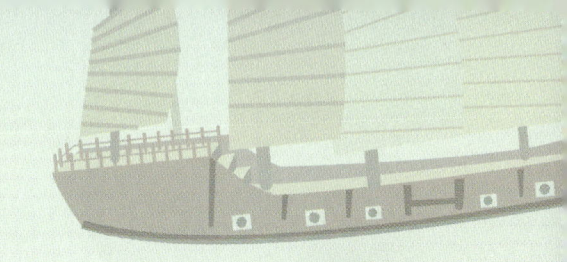

愉快的西洋之行结束后，我们满载而归，看看都带回了哪些奇珍异宝吧！

水密隔舱

水密隔舱指用当地盛产的木料将船舱横向隔成一个个小空间。水密隔舱使船更加坚固稳定，既能防止船舱在意外事故中进水导致沉没，又能存储大量货物。

三佛齐进贡的红珊瑚

梁庄王墓出土的金锭

金锭由郑和下西洋时买的一批黄金打造而成。

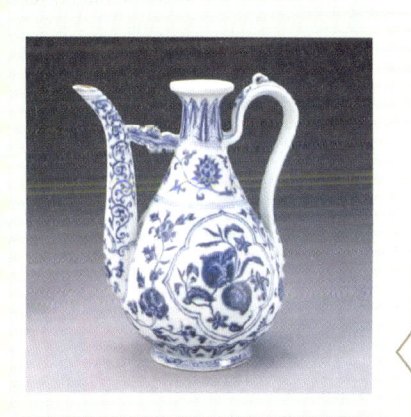

苏泥勃青

苏泥勃青是青花瓷烧制中的一种重要的原料，烧成后的青花色泽浓重艳丽，是宣德青花的显著特征。这种原料就是郑和下西洋时从伊拉克萨马拉地区带回的。

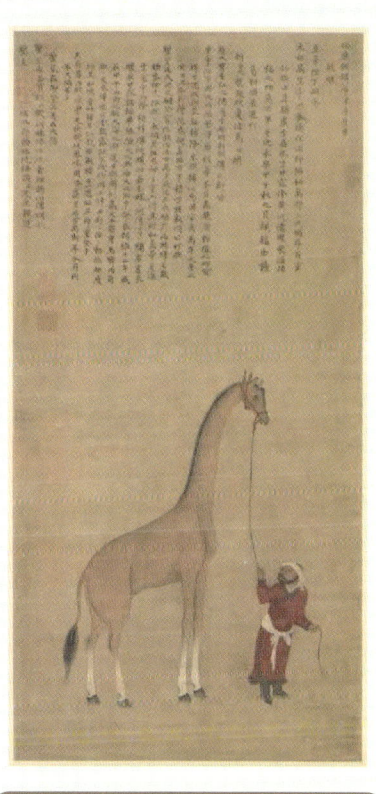

青花三果纹执壶

《瑞应麒麟图》（明）沈度

该图描绘了永乐十二年（1414年）榜葛剌国进贡麒麟的场景，是郑和下西洋的副产物。

第 2 课时

古船新生
——穿越时空的工艺

福船的制造工艺非常厉害,影响力也很广。那么,它究竟是怎样建造出来的呢?一起看看吧!

选材料

福建气候温暖湿润,树木茂盛,木材质地优良。工匠们会为船体的不同部分选用不同的木材。

就地选材：樟木、杉木、松木

铺龙骨

松树

龙骨相当于人的脊柱,可以支撑船体,是整艘船最重要的一部分。

搭船体

樟树、杉树

搭建船体肋骨、安装水密隔舱板和船壳。

装零件

船帆　船锚　船舵

船帆使用竹叶、芦苇等天然材料编织而成。因此它的升降和折叠非常灵活。

用于停船。

用于调整航向。

我们乘坐的宝船是福船的一种，但是福船并不是在明朝才开始出现的，早在宋朝就有了"大福船"。

宋

"南海一号"大福船模型

知识窗

宋代著名的"大福船"凭借"龙骨技术"就能远航至非洲。"南海一号"是在我国广东海域打捞出的宋代福船。

明

复原明代福船

今

"顺风相送"号中式帆船

正是因为我国古人发明的"水密隔舱"和"龙骨骨架"，此后的福船才能更安全平稳地到达海外各国。直到今天，许多现代船舰还在使用这些造船技术。

想一想

看一看不同时期的船，它们在外观上各有什么特点？现代船只还延续了古人的哪些智慧呢？

如果你是船长，你想驾驶一艘怎样的船呢？画一画吧！

"行"之奥秘——古船新生

（创意·表现单元）

单元情境

福船工艺精巧，装饰独特，是航行线路上一道亮丽的风景线。在以往的学习中，同学们尝试过以绘画的形式记录下自己心目中的福船。在本单元的艺术实践中，同学们可以大胆想象，找寻身边一切可用的材料，运用综合材料来表现自己想象中的福船，让它变得更生动更立体！

单元目标

知识与技能：了解福船的造型、功能、工艺、历史地位，敢于用简单的语言表达对福船的认识与对传统船文化的热爱。

过程与方法：通过探索不同材料的特性，创作一幅拼贴画。

情感、态度和价值观：拥有认识、热爱、保护、传承、创新传统文化的意识与态度。

单元评价

1. 能够概括出福船的造型及色彩特征。
2. 能够理解基本的拼贴手法并进行实验，概括纸模型的基本构成和装饰方法。
3. 能够利用综合材料进行福船拼贴画创作，积极探索立体福船的表现形式。
4. 感受福船的社会价值，树立人与自然和谐共处的理念，增强民族自豪感。

单元任务

1. 认识福船并知道它的构成。
2. 能够从不同的角度了解福船相关文化知识，并通过积极的课堂交流与讨论，表达对福船文化的理解与感知。
3. 能够理解福船蕴含的中国智慧以及福船在各民族文化交流中的关键作用，从而增强民族自豪感，增进文化认同。

中国智慧

传承新生、互帮互助

第1课时 "船"承记忆
——福船拼贴画制作

不同的材料结合有时会有意想不到的效果，下面尝试制作一幅拼贴画吧！

活动名称：福船拼贴画制作

适合年级：小学学段

创作类型：拼贴画

活动时长：40分钟

1 寻找灵感

观察福船的主要色彩（如棕色、红色），找寻相应颜色的自然材料、废旧布料、废旧杂志等。

2 准备材料

调色盘、丙烯颜料、卡纸、水粉笔、勾线笔、胶枪、瓦楞纸、废旧杂志、废旧布料、麻绳、扣子、剪刀、枯树皮。

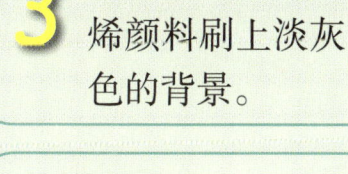

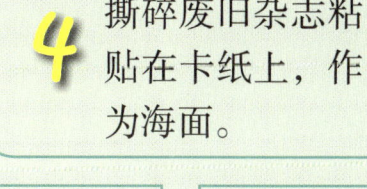

3 在白卡纸上用丙烯颜料刷上淡灰色的背景。

4 撕碎废旧杂志粘贴在卡纸上，作为海面。

5 把瓦楞纸撕成船的形状，粘贴在海面上。

6 用胶枪（或双面胶）把树皮、树枝粘贴在船上。

7 剪下废旧布料做成风帆，并用胶枪固定麻绳和风帆。

8 用扣子进行装饰，并用勾线笔画出福船的眼睛。再用丙烯颜料在船底部进行涂色，增强层次感。

拼贴画是不是很有趣呀，你也快来试一试吧！

第 2 课时 "船"流不息
——立体福船制作

尝试过平面船的制作后,来制作一个立体船模型,感受它的独特效果吧!

活动名称:立体福船制作
适合年级:小学学段
创作类型:纸艺
活动时长:40分钟

1 寻找灵感

郑和所乘坐的宝船是福船的一种,尖头宽尾,色彩丰富,高大的风帆加上一双炯炯有神的大眼睛,让人印象深刻。

2 准备材料

吸管三根、泡沫板一块、铅笔、彩色笔、直尺、剪刀、双面胶、白色卡纸。

3 画草图

将卡纸对折，画出船身、船帆、旗帜和龙目。

4 涂颜色

设计图案，可以是福船本身的图案，也可以自主设计图案再上色。

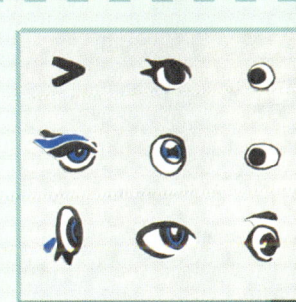

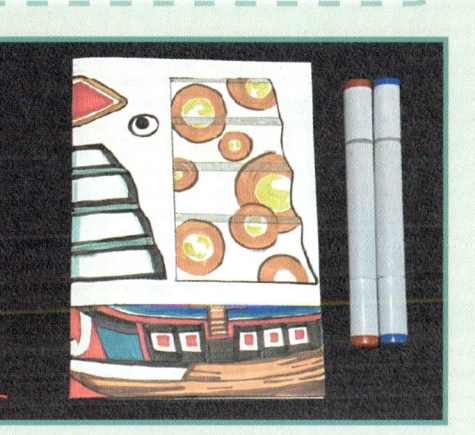

5 裁剪粘贴

剪下形状后，将船身贴在泡沫板上，将吸管贴至船帆背面中间并对折粘贴。

使用剪刀时请注意安全！

6

最后将船帆和彩旗插在泡沫板上，立体福船就完成啦！

作　者：
时　间：